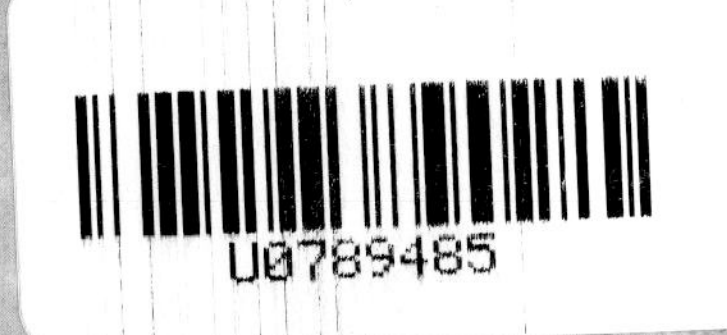

擬表 卷之四

官生林世功

共五冊

寛期謝表
補貢表文
新擬合共六篇

新擬合共六篇

補賣表文

賞朗謝表

琉球國中山王臣尚質誠歡誠忭稽首頓
首
上言伏以
紫氣承天鳳曆茂萬年鼎鼐
黃扉耀日龍章崇一德台衡天壤騰歡要荒綏
乂臣尚質誠惶誠恐稽首頓首上言竊惟
天門日朗光照窮黎
大地陽回春生幽谷是以殊方効順咸懷重譯
之忱異域投誠共切朝宗之慕我
清朝實資世德三十載之修平遍慰雲霓十五
國之驅除悉調風雨而恭逢
皇帝陛下
允文允武
乃聖乃神
斐鼎彝之銘
大箕裘之業声教所訖到處知不愆而不忘

恩威攸布所在悉由述而由舊體
先王柔遠之意再錫彤章承
祖宗一統之休復修文德 臣質僻處中山向陽
實同草木愚早嗣子授新敢切共球何幸
天朝遥頒
芝誥金章優錫寶篆生花
玉幣重施機紋炫彩數年碧海澄波早知
中國之聖人此日蒼璧龍光絢懷
有道之天子願寸心之感激詎尺素所能宣不
揣專遣陪臣謝茲
寵眷虔將貢物聊表微忱伏願
聖仁普利鑒小國之來享來王
帝德崇隆重下濟而如礪如帶將見中外臣隣
祝
一人之有慶荒徼玉帛頌
萬壽於無疆矣臣不勝激切屏營之至謹奉

表稱
謝以
聞
康熙二年十月二十二日琉球國中山王臣
尚質謹上表

擬欽賜寶印謝表

伏以
聖敎誕敷〔平〕四海播同文之治〔仄〕
皇猷丕振〔仄〕萬年昭一道之風〔平〕
銀黃分斗紐螭駝〔平〕等威攸辨〔仄〕
文信迨龍符虎節〔仄〕體統具存〔平〕慶溢垂紳〔平〕歡騰
搢笏〔仄〕恭惟
皇帝陛下

羲三出震(仄)
乘六體乾(平)
宸衷釐政教大同(平)纂刻守同文之義(仄)
黼座懷車書一統(仄)印信昭畫一之規(平)臣某蟻
域末員(平)鮫宮微職(仄)念玄蔦代承
封典洎祖父世沐
恩膏(平)乃臣躬復遇
溫綸(平)聿宣寶冊(仄)而彌光疊荷
天眷(仄)再錫彤章(平)雲外歡呼(平)島中羅拜(仄)特遣陪臣
○○○○○○等恭賚短疏(仄)匍謝
天恩(平)伏願
德維日新(平)
福垂天保(仄)
鐫刻之奇文璀璨(仄)貫斗牛以噴瑤光(平)
含鉤之寶色琳瑯(平)走龍蛇而簇金管(仄)將見祥
徵雨粟金湯永固於千秋(平)氣可燭天(平)銀界

長輝於百世矣仄臣其無任瞻
天仰
聖激切屏營之至

擬欽賜寶印謝表

伏以
聖治啓圖書平丕煥銀黃之彩仄
皇恩垂璞琬仄永增金紫之輝平
鶴舞螭蟠平篆文共星辰並麗仄
龜靈龍瑞仄彤章偕雲日凝祥平四野鳴歡千官
誌慶仄恭惟
皇帝陛下
堯文廣運仄
舜德重華平
位育配中和平既星陳而雲爛仄
禮樂隆制作仄復玉振而金声平臣其東渤備藩平

南溟末吏疊膺
天眷永沐
恩波龍節虎符適達於山陬海澨駝文牛紐遥
頒於
天府彤庭銀章照耀沙城玉篆輝煌山洞永作
鎮邦之寶奉爲祚國之珍謹遣陪臣○○
○○○○等恭賫短疏
上陳匍叩謝
恩丹陛伏願
經天緯地
奮武揆文
帶礪星羅剖玉符於東西南朔
河山綺錯分印綬於衆衛要荒將見圖籙紀
千年海晏河清獻瑞軌文昭百代霑甘雨
對揚麻矣臣某無任瞻
天仰

聖激切屏營之至

擬欽賜寶印謝表

伏以

帝德茂聖神(平)四海慶車書之治(仄)

皇猷隆制作(仄)九重垂琰琬之模(平)

碧玉琢蛟龍(平)文光射浮牛斗(仄)

黃金鑄龜鶴(仄)祥符初映奎躔(平)島外歡騰(平)寰中

喜動(仄)恭惟

皇帝陛下

模天範地(仄)

鑄舜陶堯

楓宸寵賚銀(平)黃帶礪之等威攸辨(仄)

黼座榮分金業(仄)屏垣之符節遂頒(平)臣某藩服微

員平波匯末職仄雖以彈丸海嶼篆刻應守同
風平乃以蕞爾要荒平
天府特宣印信捧錦軸而羅拜仄奉
御製以萬吁平特遣陪臣○○○○○○等肅賫
短疏
上陳平匍叩謝
恩天闕仄伏願
藻成五采仄
道協三辰平
蒲穀躬桓平剖符絢星雲之瑞仄
甸男來衛仄俊乂賡清晏之章平將見東渤分璜平
水鰈林鶼獻彩仄而南溟輯瑞仄印龜石鵲凝
祥平矣　臣某無任瞻
天仰
聖激切屏營之至

擬欽賜寶篆謝表

伏以

聖敎誕敷平四海播同文之治仄

皇猷丕振萬年昭一道之風平

銀黃分牛紐螭駝平等威攸辨仄

文信達龍符虎節仄體統具存平議禮興制度備

瑊平鏤玉合範金並重仄歡騰搢笏仄慶溢重紳平

恭惟

皇帝陛下

乘六體乾平

兼三出震仄

金章雲霱仄邁雅製於羲皇平

玉篆星懸平駕隸文於秦漢仄

黻座懷車書一統仄印信昭畫一之規平

宸衷釐政敎大同平篆刻守同文之義仄臣某鮁宮

微職仄蟻域末員平忝玄高世篤忠貞平洎祖父

封典恩深河海德重邱山乃 臣躬復捧
恩綸聿宣寶册而殊光疊荷
天眷再錫彤章思樗櫟之匪材玉魚空愧駑
駘之莫副銅虎濫膺何幸
鳳藻遥頒瀛嶼之圖書獻瑞共瞻
龍文寵賁沙城之花木生香玉筯裝玉軸以分
光銀章燦銀河而闕於島中羅拜雲外歡
呼特遣陪臣○○○○○等恭賫箋疏
上陳(平)甫叩謝
恩天闕(仄)伏願
福垂天保(仄)
德惟日新(平)
含鈞之寶色琳瑯(平)走龍蛇而簇金管(仄)
鐫刻之奇文璀燦(仄)貫斗牛以噴瑤光(平)將見氣
可燭天(平)銀界長輝於百世(仄)祥徵而粟(仄)金湯
永固于千秋(平)矣 臣某無任瞻

天仰

聖激切屏營之至

擬 欽賜寶篆謝表

琉球國中山王臣尚某誠惶誠恐稽首頓

首謹奉

表上言伏以

聖治啓圖書平丕煥銀黄之彩仄

皇恩垂琰琬仄永增金紫之輝平

鶴舞螭蟠平篆文共星辰並麗仄

龜靈鵲瑞仄彤章偕雲日凝祥平榮分肘後纍纍平

寵錫腰間若若仄千官誌慶仄四野鳴歡平恭惟

皇帝陛下

舜德重華平

竟文廣運（仄）

禮樂隆制作（仄）既玉振而金声（平）

位育配中和復星陳而雲爛猶念車書一統（仄）

特頒印信大同（平）臣某東渤備藩（平）南濱末吏（仄）

疊膺

天眷（仄）永戴

高深（平）仰藉

恩光（平）頻沾

河潤（仄）龍符虎節（仄）通逵於海澨山陬（平）牛紐駝文（平）

遂貢於

彤庭

天府（仄）銀章臨碧嶼（仄）光芸搖漾銀河（平）玉篆映

滄波（平）寶色繽紛玉軸（仄）沙城之山川噴彩（平）環

島之花木生妍（平）印章鐫刻琳瑯（平）錦匣硃丹

璀燦（仄）永作鎮邦之寶（仄）奉為祚國之珍謹遣

陪臣○○○○○等恭賫短疏

上陳（平）翰叩謝

恩
丹陛（仄）伏願
經天緯地（仄）
奮武揆文（平）
帶礪星羅（平）剖玉符於東西南朔（仄）
河山綺錯（仄）分印綬於采衛要荒（平）將見圖籙紀
千年（平）海晏河清獻瑞（仄）軌文昭百代（仄）露甘雨
澍揚麻（平）矣臣某無任瞻
天仰
聖激切屏營之至謹奉
表稱
謝以
聞

擬欽賜寶篆謝表
琉球國中山王臣尚某誠惶誠恐稽首頓
首謹奉

表上言伏以

帝德茂聖神(平)四海慶車書之治(仄)

皇猷隆制作(仄)九重埀琰琬之模(平)

碧玉琢蛟龍(平)文光射浮牛斗(仄)

黄金鐫龜鶴(仄)祥符彩映奎躔(平)銀鈎鐵畫競輝(平)

錦軸硃砂献瑞(仄)寰中喜動(仄)邑外歡騰恭惟

皇帝陛下

範地模天(平)

陶堯鑄舜(仄)

黼座榮分金紫(仄)屏翰之符節遥頒(平)

楓宸寵賁銀黄(平)帶礪之守威攸辨(仄)牛紐螭駝

雲霞(仄)龜文鳳藻星懸(平)搢笏曜輝(平)埀紳壯彩(仄)

臣某波匽末職(仄)海嶠微員(平)屏息鮫宮(平)徒羨

金門拖紫綬(仄)儕居蜃宇(仄)遥瞻

青瑣佩銅符(平)何幸蕞尔要荒(平)

天府特頒印信(仄)即以彈九海嶼(仄)篆刻應守同

風采錯金章挾金甌而並麗文浮玉筯齊
玉燭以爭奇附繫鬘光鍭映山川河嶽腰
懸若〻晶瑩噴霞霧烟波文信布三千
六嶽之中印綬綿億千百年之祚捧錦軸
而羅拜奉
御製以嵩呼特遣陪臣○○○○○○等齎貢
短疏
上陳匍叩謝
恳天闕伏願
藻成五采
道協三辰
浦穀躬桓剖符絢星雲之瑞
甸男采衛俊乂賡清晏之章將見東渤分瓚
水鰈林鶼獻於而南溟轉瑞仰龜石鵲凝
祥矣臣某無任瞻
天仰

聖激切屏营之至謹奉
表稱
謝以
聞
琉球國中山王臣尚敬誠惶誠恐稽首頓
首
上言伏以
哲后撫珙圖平
帝德遍乾坤中外都協和之盛仄
聖人登黼座
皇恩彌宇宙仄遐迩承沐熙皞之隆休平
輯五瑞班五瑞仄咸瞻
有道聖人平
玉萬方帛萬方平共仰
太平天子仄普天慶溢仄率土歡騰平恭惟
皇帝陛下
聰明睿知仄

文武聖神（平）
玉階青瑣之間而玉禾屢告
至德日躋繼百王之道統（仄）
金陛丹墀之下而金粟常收
弘仁時懋紹千聖之心傳（平）物阜民康（平）年遇
聖世明良之會（仄）時雍俗美（仄）喜際
熙朝泰運之期（平）四海徧沐仁風（平）八埏深沾愷澤（仄）
臣敬備藩海邦供職荒服（仄）叨蒙
殊恩（平）雖應德報（仄）頂踵何裨特膺
異數（仄）欲表愚誠（平）芹葵不腆（仄）肅遣陪臣向得功鄭
士絢等薄陳方物（仄）聊伸謝悃（仄）伏願
峻德彌崇（平）
洪恩愈擴（仄）
西被流沙而東漸渤海（仄）醴泉與芝草偕生（平）
南距五嶺而北暨三塗（平）瑞鳳共祥麟俱集（仄）則
躬桓蒲穀（仄）覲億萬年有道之長（平）而玉帛車
書（平）亘千百世無疆之祚（仄）矣 臣敬無任瞻
天仰

聖激切屏营之至謹奉

表稱

謝以

聞

雍正三年十一月二十日

琉球國中山王臣尚敬誠惶誠恐稽首頓

首謹奉

表上言伏以

聖德覃敷海宇煥成虹之彩

皇恩廣被澤國靚如玉之章

發麗藻於瓊函光搖寶鑑

懸珠璣於遠島彩奪黄雲寰中誌慶域外懽

吁恭惟

皇帝陛下

象外參元

畫前契道
參天兩地炳日星雲漢以為章
敷德布恩駕虞夏商周而獨盛臣敬竊島徼
員荒居末吏無由登拜念切瞻依在昔深
荷
聖祖中山守土之德音映日明霞絢爛自後叨
承
世宗輯瑞球陽之翰藻遙天珠雨飛騰茲逢
皇上御極復蒙
特賜綸扁煌煌
天語爰新海國之規模郁郁
王言遠播島服之壯麗綏懷溢量慚感非常
特遣陪臣翁鴻業蔡其棟守凜遵
恩綸附陳奏
謝伏願
道岸再登

聖功加懋
垂億萬年之道統益擴前規
接十六字之心傳直恢往制將見化成無外
四方仰行地之光華澤普寰中表海頌揆
天之巍煥矣臣敢無任瞻
天仰
聖激切屏營之至謹奉
表稱
謝以
聞
乾隆五年
擬 特賜御筆謝表
伏以
黼座濡天章翰墨昌明宇宙
楓宸揮錦軸縹緗炳耀山河

蝌蚪行間藻采映奎躔之宿
鳳麟字裡文光射牛斗之墟喜動敷天欣聯
匝地恭惟
皇帝陛下
文叶謨典
筆重嶽嵩
瑤函自天上擎來榮同華袞
寶檢從日邊捧至耀類玕 臣某 雲外藩垣波
中澤國乃
聖藻遙頒於南服咸羨奇逢而
宸章榮賁於東瀛僉誇殊典謹遣陪臣○○○
○○○等肅賫方物詣謝
天恩伏願
道奉三無
澤沾九有
龍文耀於筆端旋轉乾坤

鳳藻吐葩几上氤氳日月將見雲生玉管偕
玉燭以長輝露潤金莖共金甌而並麗矣
臣某無任瞻
天仰
聖激切屏營之至

擬特賜御筆謝表

伏以
龍文耀彩三殿錫琰琬之珍
鳳藻騰輝八埏著絲綸之美
飛白榮分帶礪象管偕璧凝祥
汗青寵賁屏藩螭版共星辰競爍波中拜舞
海外歡呼恭惟
皇帝陛下

德協中和
功調氣化
楓宸披黃絹四字皆玉律金科
黻座展鮮綃一行盡銀鈎鐵畫臣某蟻封末
吏蠡守微儀累世仰
聖藻輝煌今茲捧
宸章絢爛環瀛壯於海嶼增輝特遣陪臣〇〇
〇〇〇〇齎肅捧
表章謝
恩天闕伏願
經文緯武
軼帝超王
玉軸流光垂珠璣於腕下
金莖吐秀會風雨于毫端將見龍出河津瑞
獻丹文之象而龜浮洛水祥開綠字之符
矣臣某無任瞻

天仰
聖激切屏营之至謹奉
表稱
謝以
聞

擬 特賜御筆謝表

伏以
睿藻輝煌飛白耀九天奎壁
宸章璀燦琬琰同百代風雲
翰染珠璣寶檢春融瀲灩
毫濡錦繡瑤函日麗滮波雲外騰歡寰區溢
慶恭惟
皇帝陛下

言垂綸綍
道契苞符
彖管摛成綾箋噴宮花而散綺
豹囊濺就翰墨從禁掖以流香臣某供職瀋
封備員海嶠何幸
御書遥賜乃辱
聖藻榮頒爲煥奇葩永共江河並壽琳瑯寶色
直與星月齊輝特遣陪臣〇〇〇〇〇
等肅捧
表章謝
恩北闕伏願
休風廣被
文教覃敷
愷澤遍遐陬九重開珊瑚之架
恩膏流薄海三殿展玳瑁之床將見瑞氣凌
霄島嶼衍昭回之慶文光射斗海疆占雨

粟之祥矣臣某無任瞻
天仰
聖激切屏營之至

擬
特賜御筆謝表
琉球國中山王臣尚某誠惶誠恐稽首頓
首謹奉
表上言伏以
霄藻輝煌飛白輝九天奎壁
宸章璀璨琁玟開百代風雲
翰染珠璣寶檢春融渤澥
毫濡錦繡瑤函日麗滄波羣瞻玉律金科共
羨丹文綠字寰區溢慶雲外騰歡恭惟
皇帝陛下
道契苞符

言垂綸綍
龍文灑就翰墨從棐椸以流香
鳳彩摛成綾箋噴宮花而散綺兎毛象管光浮
天漢銀漢龍劑豹囊秋映琅玕圭璧臣某
備員海嶠供役藩封代承
寵眷之鴻恩疊錫
綸音於蟻域
御書遙貺露滋霞絢繽紛
聖藻榮頒斗爍虹横爛熳一行似龍躍虎卧四
字皆鐵畫銀鈎
綸扁遍井幹以高懸
龍光壓就瞻日下
黼藻偕雕樑而繞壁
君威凜咫尺雲邊爲煥奇葩永共江河並壽
琳瑯寶色直與星月齊輝特遣陪臣○○
○○○○等肅捧

表章謝
恩北闕伏願
休風廣被
文教覃敷
愷澤遍遐陬九重開珊瑚之架
恩膏流瀼海三殿展琱瑁之床將見瑞氣凌霄
島嶼衍昭回之慶文光射斗海疆占雨粟
之祥矣臣某無任瞻
天仰
聖激切屏營之至謹奉
表稱
謝以
聞

擬 特賜御筆謝表

琉球國中山王 臣尚某誠惶誠恐稽首頓
首謹奉
表上言伏以
龍文耀彩三殿錫琰琬之珍
鳳藻騰輝八埏著絲綸之美
飛白榮分帶礪螭版倚奎壁凝祥
汗青寵賁屏藩象管共星辰競爍瑞繞雕楔
畫棟光生玉箔珠簾海外歡呼波中拜舞
恭惟
皇帝陛下
聰明天授
學問日新
巖座展縹緗一行畫銀鈎鐵畫
楓宸披黃絹四字皆玉律金科濡墨從
北闕以流香染翰至南邦而散綺千秋曠典百
代殊遭臣某屢守微僚蟻封末吏累世捧

宸章璀燦斗輝星橫今茲仰
聖藻繽紛露湛霞爛紫泥頒下五采恍綴球琳
丹鳳啣來一幅宛鋪錦繡
御書臨於海嶼三十六島之花木生春
綸誥懸於環瀛數百餘里之山川吐彩齊雲朱
檻遥覩鶴舞鸞迴玉軸錦屏群羨龍翔虎
卧
皇洲雖遠雲日猶屋就瞻
黼藻式憑嵩華愈殷吁祝
御製之榮施叠沛頂踵之糜爛難酬特遣陪臣
○○○○○等肅捧
表章謝
恩天闕伏願
經文緯武
軼帝超王
玉管流光之珠璣於楮上

金莖吐秀會風雨于臺端將見龍出河津瑞

献丹文之篆而龜浮洛水祥開綠字之符

矣臣某無任瞻

天仰

聖激切屏營之至謹奉

表稱

謝以

聞

乾隆〇十〇年〇月〇〇日琉球國中山王

臣尚某謹上表

擬　特賜御筆謝表

琉球國中山王臣尚某誠惶誠恐稽首頓

首謹奉

表上言伏以

黼座灑天章翰墨昌明宇宙

楓宸揮錦軸縹緗炳耀山河
蝌蚪行間藻彩映奎躔之宿
鳳麟字裡文光射牛斗之墟濡毫香遠滄溟
飛白瑞浮渤澥敷天喜動匝地欣聯恭惟
皇帝陛下
筆重嶽嵩
文叶謨典
宮庭潑墨光生琥珀之床
禁掖傳箋彩煥珊瑚之架
寶檢從日邊捧至耀賴琅玕
瑤函自天上擎來榮同華衮
聖藻輝煌於南服咸羨奇逢
宸章璀璨於東瀛僉誇殊典臣某波中澤國雲
外藩垣雖海嶠遙隔
黃麻未由趨
金殿而燃脂噴彩乃波匝疊叨

寵眷奚啻步
玉堂而吮墨分香
綸函遥臨字字皆銀鈎鐵畫
御書遠賁幅幅盡玉律金科全軸綾箋羣鸞爲
龍躍虎卧一行錦綺共瞻若鶴舞鸞迴逼
齊雲井幹以高懸山川起色借畫棟雕樑
而繞壁烟霧凝輝允爲曠代
隆恩洵覺
盛時異遇謹遣陪臣○○○○○○等肅賫
方物甸謝
天恩伏願
道奉三無
澤占九有
龍文耀彩筆端旋轉乾坤
鳳藻吐葩几上氤氲日月將見雲生玉管借
玉燭以長輝露湧金莖共金甌而並麗矣

臣某無任瞻
天仰
聖激切屏營之至謹奉
表稱
謝以
聞
乾隆〇十〇年十〇月二十〇日琉球國中
山王臣尚某謹上表
伏以
帝德徧乾坤中外覩協和之盛
皇恩彌宇宙遐邇承熙皞之隆
輯班五瑞百辟成瞻
有道聖人
玉帛萬方八荒共仰
太平天子普天慶溢率土歡騰恭惟
皇帝陛下

道隆堯舜
功邁湯文
大德日新繼百王之道統
覃恩時懋紹千聖之心傳物阜民康欣逢
聖世明良之會時雍俗美喜際
熙朝泰運之期四海徧沐仁風八埏深沾愷澤
臣敬儗處海隅荷沐
天眷雖竭誠而拜
頌實仰報而無從謹遣陪臣毛鴻基鄭秉彝
等恭齎短疏聊申誠悃伏願
仁恩愈擴
德澤彌深
西被流沙而東漸渤海醴泉與芝草俱生
南距五嶺而北暨三塗瑞鳳共祥麟偕集則
躬桓蒲穀現億萬年有道之長而玉帛車
書亘千百世無疆之祚矣臣敬無任瞻

天仰
聖激切屏營之至謹奉
表稱
謝以
聞
雍正六年
伏以
九天雨露溥汪濊于寰中
三殿恩膏徧涵濡于域外
治協八風之奏世際雍熙
化行萬國之淳人歌衢壤壽天踴躍大地歡
吁恭惟
皇帝陛下
堯仁丕冒

舜知重華
運啓昌明甘露與醴泉迭應
道符泰始靈芝偕蓍草駢臻臣敢窮臯殫九
南荒末吏深承
恩眷知中國有
聖人遐聽嘉祥載萬年之
天子乃以踈賤微臣疊荷
隆恩優渥頒來
天語徹寒林黍谷以同温旋捧奇珍出内府上
方之秘寶綏懷溢量慚感非常謹遣陪臣
向克濟蔡文河等凜遵
恩綸附陳奏
謝伏願
道擴三無
德弘九有
撫中外如一室盡地開封

聯遐邇于一心罄天張宇則献琛納貢偏男
邦来衛之遥而服教畏神大漸被暨訖之
化矣臣敬無任瞻
天仰
聖激切屏营之至謹奉
表稱
謝以
聞
雍正八年
擬　欽賜器物謝表
伏以
皇仁沛時雨九重膺享賚之隆
帝德燦朝霞八表沐懷柔之典
湛恩灑於北闕球陽之草木生春
愷澤流於南溟瀛嶼之河山壯彩藩垣慶溢

荒服歡騰恭惟
皇帝陛下
道邁百王
功高千聖
漸以仁而摩以義執玉帛者史不絕書
奮以武而揆以文受共球者歲無虛日 臣某
藩封下吏海嶠微員翹首
金門遙隔波濤於萬里診承
寵眷畢叨
覆載於千秋捧
命增虔拜
嘉愈勵鮫宮窮島受琚愧乏答酧蟻垤樗材
織錦羞無獻頌謹遣陪臣○○○○○○
等肅賫短疏叩謝
天恩伏願
大造無私

陽春有腳
至誠不息躋萬國於桂海冰天
久道化成登九州於春臺壽域將見高柳生
風之地候月歸琛而扶桑戴斗之鄉占雲
納節矣

擬 欽賜器物謝表

伏以
龍樓日暖萬方歷瞻就之恩
鳳閣春融六字叨帡幪之福
歆享王而奉正朔榮分
天府瑤琚
獻雉縶而肅冠裳寵錫
上方錦綺輝流渤海於煥濱洪恭惟

[illegible]

[illegible]

[illegible]

[illegible]

[illegible]

[illegible]

[illegible]

[illegible]

[illegible]

[illegible]

[illegible]

[illegible]

[illegible]

皇帝陛下
玉質金相
凝旒黈纊
顯謨承烈声靈奠麗河山
峻德膚功經緯昭回雲漢 臣某 備員東渤供職
南濵僻海窮藩愧無玉樹靈泉之献謬應
天眷偏多莿珍宫錦之頒曠代
特恩近今殊異謹遣陪臣○○○○○等肅
賚
表奏甫謝
天恩伏願
文治彌光
淵修愈懋
超王軼帝梯航爍類星碁
挈宋提唐假涖盟長带礪將見天潢凝瑞衆
星萃拱北之祥海波不揚諸水擁朝東之

威矣

擬　欽賜器物謝表

伏以

帝德輝煌紫閣沛九天雨露

皇猷黼黻黃扉灑四表恩膏

仁声訖要荒陬澨如葵向日

教化敷候尉梯航若草從風彩溢藩封光騰

島嶼恭惟

皇帝陛下

經天緯地

奮武揆文

恩流於節笮越裳共識占星献琶

化洽於扶桑高柳咸思候月納環　臣某蕞爾

波臣愧無玉樹蝦羅之寶上陳

螭陛浩蕩

天恩徧承荆山蟒緞之珍下頒蟻穴焚香迎

賜琳瑯照耀沙城盥手拜

嘉藻來光採山洞謹遣陪臣○○○○○

守肅賫疏匍叩謝

恩伏願

端冕垂裳

歌風緼瑟

共球萬國擬上大寶之箴

蒲穀千邦思陳織錦之頌將見金甌永固林

鶼偕水鰈凝祥玉燭長調藪鳳共郊麟獻

瑞矣

擬　欽賜器物謝表

琉球國中山王臣尚某誠惶誠恐稽首頓

表上言伏以
皇仁沛時雨九重膺享贊之隆
帝德燦朝霞八表沐懷柔之典
湛恩灑於北闕球陽之草木生春
愷澤流於南濵瀛嶼之河山壯彩疊錫
上方秘寶頻頒
內府奇珍慶溢藩垣歡騰荒服恭惟
皇帝陛下
功高千聖
道邁百王
摩以義而漸以仁受共球者歲無虛日
撫以文而奮以武執玉帛者史不絕書河清
海晏揚休雲爛星陳獻瑞臣某藩封下吏
海嶠微員翹首
金門遙隔波濤於萬里謬承
寵眷累叨

覆載於千秋棒
命增虔拜
嘉益勵
玉階宣下寶函貯盡琛蕤荊珍
天闕賚來綾囊羅遍鮫綃宮錦瑩瑩圭璧光射
牛斗之墟簇簇綺文爛奪雲霞之彩珊瑚
架上連城五色琳瑯玳瑁箱中華袞千端
璀璨鮫宮窮島受琚愧乏答酧蟻埴樗材
織錦羞無獻頌謹遣陪臣○○○○○
等肅賫短疏叩謝
天恩伏願
大造無私
陽春有脚
至誠不息躋萬國於桂海冰天
久道化成登九州於春臺壽域將見萬柳生
風之地候月歸琛而扶桑戴斗之鄉占雲

納節矣臣尚某無任瞻
天仰
聖激切屏營之至謹奉
表稱
謝以
聞

擬欽賜器物謝表

琉球國中山王臣尚某誠惶誠恐稽首頓
首謹奉
表上言伏以
龍樓日煖萬方厘瞻就之恩
鳳閣春融六宇叨忭懞之福
歌享王而奉正朔榮分
天府瑤琚

天高氣爽
猿[illegible]之日來上照采石
風雨春鐘六行以詳舞八高
涼露日夜聽古風一霞笑之記
年工富次之
營運案
說珠圖[illegible]山王田鄉[illegible]鎮運壽[illegible][illegible][illegible][illegible]
發[illegible]於飛雅花游本

詞
認以
家稿
宣滿相隊演[illegible][illegible]舞奉
天作
翻滿來日[illegible]書[illegible]錄

獻雉埶而肅冠裳寵錫
上方錦綺露潤江茅澤菅溫生黍谷寒林渤海
流輝滄波煥彩恭惟
皇帝陛下
金相玉質
黈纊凝旒
峻德膺功經緯昭回雲漢
顯謨承烈声靈奠麗河山恩流截竹之鄉化
洽扶桑之域臣某備員東渤供職南溟僻
海窮藩愧無玉樹靈泉之獻誇膺
天眷偏多荊珍宮錦之頒堆堆五色琳瑯光映
珊瑚玳瑁簇簇千絛爛縵彩縈朱紫銀黃
曠代
賁
特恩近今殊遇謹遣陪臣○○○○○○等肅
表奏稱謝

天恩伏願
端冕垂裳
歌風緼瑟
超王軼帝梯航燦類星碁
挈宋提唐陬澨盟長帶礪將見天潢凝瑞衆
星萃拱北之祥海波不揚諸水擁朝東之
盛矣臣某無任瞻
天仰
聖激切屏營之至謹奉
表稱
謝以
聞

擬 欽賜器物謝表

琉球國中山王臣尚某誠惶誠恐稽首頓

首謹奉
表上言伏以
帝德輝煌紫闕沛九天雨露
皇猷黼黻黃麻灑四表恩膏
敷化訖要荒陬澨如葵向日
仁声敷僥尉梯航若草從風宮殿之閶闔宏
開冕旒之衣冠共拜藩封新涵島嶼光騰
恭惟
皇帝陛下
超帝軼王
經天緯地
德光史册遠駕於虞夏商周之前
功燦旂常超邁於漢唐宋明之上扶桑高柳
咸思候月納環錦笮越裳共識占星獻琛
臣某瀛濱末品渤澥下僚蕞尔波臣愧無
玉樹蝦羅之寶上陳

螭陛浩蕩
天恩偏承荆山蟒緞之珍下頒蟻穴焚香迎
賜琳瑯照耀沙城盥手拜
嘉繽紛光搖山洞翹望烟波萬里
鳳闕殷遥泥首雲表三呼皃趨莫遂謹遣陪
臣○○○○○等肅賫短疏匍叩謝
恩伏願
精一彌純
聖神愈懋
共球萬國擬上大寶之箴
蒲穀千邦思陳織錦之頌將見金甌永固林
鶼偕水鰈凝祥玉燭長調藪鳳共郊麟獻
瑞矣 臣某無任瞻
天仰
聖激切屏營之至謹奉
表稱

謝以
聞

擬欽賜陪臣○○○玉器謝表

伏以
帝德大乾坤萬國之共球壯彩
皇仁深雨露八埏之草木生春
溥汪濊於南濱榮錫中黃宮錦
灑湛恩於北闕寵頒內府荆珍薄海歡騰遐
陬慶洽恭惟
皇帝陛下
英明天授
學問日新
治績煥文章咸被堯封之化雨
勲猷光史冊宏沾舜殿之薰風臣某供職波
匝備藩海島謬齊

天眷殊恩稠叠于臣身復沛
榮施異數特頒于下吏率羣僚而望
彤墀九叩盥手拜
嘉令末員○○○而瞻
金闕三呼焚香祗受近今殊遇曠代奇逢謹遣
陪臣○○○○○等肅捧
表章虔伸謝悃伏願
澤敷九有
道奉三無
金鑑千秋永仰泰階懸象
箕疇五福共瞻景運長新將見玉燭調和兆
十雨五風之瑞金甌奠麗覲參天兩地之
猷矣